मेरी चिड़ियाँ

सौम्य कुमार सोनकर

BlueRose ONE.com
Stories Matter

First Published in February 2022

ISBN: 978-93-93899-69-9

BLUEROSE PUBLISHERS

www.bluerosepublishers.com

info@bluerosepublishers.com

+91 8882 898 898

Cover Design:

Muskan Sachdeva

Typographic Design:

Ilma Mirza

Distributed by: BlueRose, Amazon, Flipkart

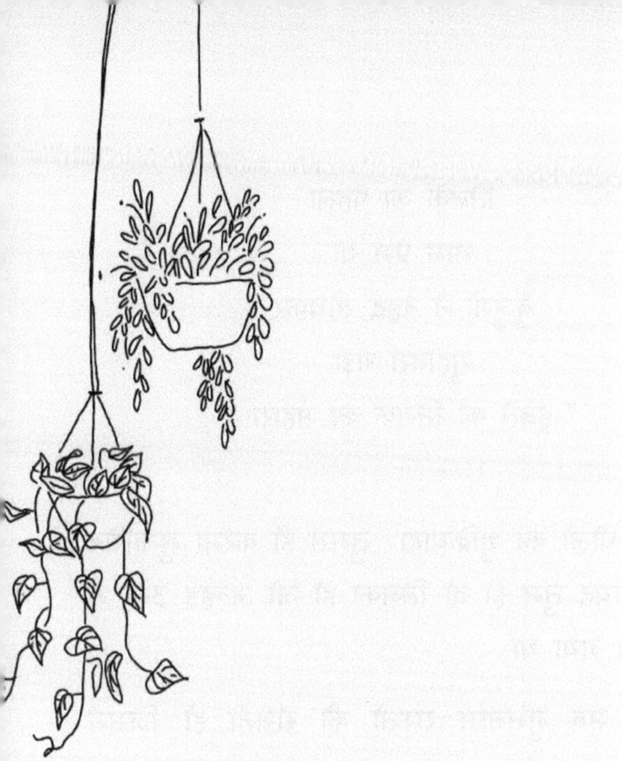

"ना जाने कौन पढ़ता है मेरे हक़ में दुआ
जब भी डूबने को होता हु समंदर उछाल देता है "

- अज्ञात

तिनके का पहला

नाम प्रेम था

बुज़ुर्गो ने बेहद सोचकर

मुहावरा गड़ा

" डूबते को तिनके का सहारा "

इन सभी चीज़ों का शुक्रियादा तुमसे ही करना मुनासिब होगा , शायद तुम ही वो तिनका हो जो अल्हड़ उम्रों में मुझे सवांर गया था

तुम उन सब गुमनाम रास्तों की रोशनी हो जिसमें भटकता हुआ मैं चल रहा हु

तुमने या फिर किसी की दुआ ने एक बेचैनी पैदा कर दी है मन मे , इसका कोई कारण मैं कभी समझ नही पाया, बहुत भागा था इससे , कई बार छुपकर जान बचाई थी, इसने माथे की रेखा को बहुत गाढा कर दिया था

पर फिर पता चला ये बेचैनी ही वो आग है

जो मन मे अंधेरा नही होने दे रही

जो मुझे सोने नही दे रही

यही वो आग है जो पत्थर में फूल ऊगा सकती है

यही वो आग है जो मुझको मुझसे मिला सकती है

ओ अनजान चिड़ियाँ मेरी हर बढ़ती सीढ़ियों का तुम सहारा हो!

1.

मुझे ना पसंद थी ये तुकबंदी चाँद सितारों वाली
फिर भी ये तुकबंदी अपने ग़ज़लों में लायी थी

याद है तू आयी थी कॉलेज मेरा मैच देखने
वो ट्रॉफी भी मैंने तेरे लिए कमाई थी

ड्राइंग की क्लास थी और लोग बना रहे थे अपनी
पसंदीदा चीज़
मैं एक दफा न सोचा , और तेरी तस्वीर बनाई थी

2.

हम भी चाहते है कोई हमारा हो
और भी अच्छा हो गर फ़क़त आपका सहारा हो

दरख्तों की तरह बनानी है शख्सियत अपनी
पत्थर भी कोई मारे तो फलो से इशारा हो

सीखी है अदब बुज़ुर्गो से मैंने
मगर अपमान का जवाब हो तो फिर करारा हो

हम नही रखते हुजूम लोगो का
अगर कोई हमारा हो तो सिर्फ हमारा हो

सब कुछ चुका कर हारी है मोहब्बत में बाज़ी
कोई अगर हारा हो तो हमारे जैसा हारा हो

खुदा का हाथ छुड़ा कर पलट पढ़ते
वो शख्स अगर मोहब्बत से एक बार पुकारा हो

हमने अपनी पढ़ाई का वक़्त भी उसकी बातों को दिया
ऐ खुदा मोहब्बत में कोई इस कदर न नकारा हो

मेरी मोहब्बत की इंतिहा देखकर लड़किया कहती है
हो तो अगले जन्म में तू आशिक़ हमारा हो

3.

बढ़ ही नही पाया वो एक मंज़िल से
कुछ लिखा ही नही तेरे नाम के बाद

मेरी तो आज भी ख्वाइश यही है दुनिया से
मेरा नाम लिखे तेरे नाम के बाद

दरख्त ने मीठे फल दिए ,
सौंधी बारिश हुई मेरे आंगन में
सोचा तो जाना ये सब इशारे है तेरे ऐहतराम के बाद

4.

मैं पूछ रहा था लोगो से ये शामें हसीन क्यों होती है
वो पलटे और कहते है तुम्हारी आंखें गमगीन क्यों होती है

एक बार अपने ज़ख्म डुबोया था दरिया में
अब लोग पूछते है समंदर नमकीन क्यों होती है

मैंने इतनो को तेरे सिवा देखा फिर पूछ बैठा रब से
ये दिल दुखने वाली इतनी हसीन क्यों होती है

वो शाम जिस दिन तुम जुदा हुए थे
वो हिज्र की रात इतनी उदास , इतनी गमगीन क्यों
होती है

5.

ये बत्तियां बुझी हुई है ये रास्ते सुनसान बहुत है
तुम्हे खोकर जाना है, तुम्हे पाने में नुकसान बहुत है

कितने अरमान ज़ख़्मी है लोगो के
अब हर शख्स के दिल मे शमशान बहोत है

अब और किसी पे दिल नही लगता मेरा
कहता फिरता हु व्यस्त हु मुझे काम बहोत है

किसी गीत ग़ज़लों नज़्मों में ज्यादा नही उलझता हु
दिल को आराम देने के लिए एक तेरा नाम बोहोत है

6.

मैं ये नही कहता कि मुझे प्यार दे
पर यार सुन , जुदाई में भी एक इतवार दे

क्या मुक़म्मल लेके घूमता है दिल जिगर जान वगैरह
और अगर वारना चाहे किसी पे तू मुझपे वार दे

वो बीच से कटे हुए दरख्त ने ये कहकर मुझको दंग कर दिया
फिर फल फूल कर दिखाऊंगा तू सावन की एक बौछार दे

तेरे बिना मेरे चौखट के दिये भी जलने से इनकार करते है
तू लौट आ की मेरे हक में भी एक त्योहार दे

7.

ये ग़ज़लों को पढ़कर ये ना समझना हम उदास बहुत है
हमारे खुशियो के ठेकेदार आस पास बहुत है

खुदा को बहलाने में समय बर्बाद ना करो
पावन नदियों के सामने सच्ची प्यास बहुत है

ये मेरे आंखों के नूर इतनी जल्दी नही ढलेंगे
इनमे तेरे मिलन की आस बहुत है

अपनी राज़ - दराना बातों को जग जाहिर होने से
बचाना
यहां हर खास का कोई खास बहोत है

8.

मेरी फितरत में नही जबरदस्ती प्यार निभाना
अगर तुम्हारा भी दिल करे तो दौड़ते आना

मेरे हाथों में तुम्हारे हाथ कपकपाते है
तो जाओ सुनती रहो क्या कहेगा ये ज़माना

कभी दिल भारी हो और अल्फ़ाज़ न मिले
आकर अपनी खामोश आंखों से मुझको बताना

देखना तुमसे वो रूठ जाएगा एक दिन
मेरी तरह उसको मत सताना

रकीब आकर इत्तेफ़ाक़न पूछे क्या सोच रही हो
घबराकर उसे मेरे बारे में मत बताना

हिचकिचाहट हो अगर मुझसे कुछ कहने में
ज़ेहन में सोचना और मेरी तस्वीर को सीने से लगाना

9.

सिर्फ उसी से मोहब्बत , सिर्फ उसी की बातें
हमसे न करो दूसरी बेतुकी सी बातें

उसके हर वादों को लिख रखा है मैंने
और उनवान दिया है उसको कुछ झूठी सी बातें

मेरे हर शेर पे वाह वाह करने वालो
ज़ख्म पर हस्ते नही , है ये रोती हुई बातें

10.

सवाल

मैं तुम्हारा हु
तुम मेरी हो ये सवाल है
जो मैं पूछता फिरता हूँ
मेरी मुक़म्मल शख्सियत थी तेरी नज़र से पहले
मैं अपने आलाप गाता
जो बात मेरे मन को सताती , मैं खुद ही उसे सुलझाता
तेरी आँखों मे डूबने का मंजर और बदलने लगा मेरा
ज़माना
पुरानी रीत है फिसल गया तेरा दीवाना
फिर क्या ,
तकरारें बेशुमार है फूलों और कलियों में
कठनाइयाँ हज़ार है मोहब्बत की गलियों में
हर तरफ अपने चर्चे और फिर अपने बवाल है
तुम मेरी हो , ये सवाल है
तुमने भी कसर कहां छोड़ी , तुम भी निभाने लगी हो
उलझे हुए मेरे बालों को संवारने लगी हो
अपने आंसूओ की जगह मेरी कमीज को बताती हो

मेरे कंधे में सर रखकर हर गम भूल जाती हो
देर रात मेरे ख़यालो में जागने का इरादा करने लगी
मेरी फालतू सी बातों में दिलचस्पी थोड़ा ज्यादा करने लगी
मैं भी अब तुम्हे अपने सजदों में गाने लगा हु
मेरे दिन और रात में अब सिर्फ तेरा ही नाम फिलहाल है
तुम मेरी हो ये सवाल है
सवालो की कश्ती भटकने लगती है , जवाबो का कोई किनारा नही मिलता
हम तुझे देख कर मुस्कुरा तो देते है ,
पर अब तेरे आंखों में वो प्यार दोबारा नही मिलता
अब भी हाथ उठते है तेरे ज़ुल्फ़ों के तरफ , पर सिर्फ नज़रो से काम चलाता हु
आ ! मिल ! बैठ ! मैं कैसा हु , तुझे इत्मिनान से बताता हूं
ठीक है ! सब कुछ अच्छा है ! एसा कुछ नही है , बस थोड़ा सा मलाल है
तुम मेरी हो ये सवाल है

11.

तुम

तुम्हारा मिलना इत्तेफ़ाक़ था शायद खूबसूरत मानो
मैंने बंद कर लिए थे अपने दरवाजे
मैं नही चाहता था कोई इन्हें खोले
मैं धूप से डरने लगा था
तुमने बहुत मशक्कत से इन दरवाज़ों को फिर से खोला
तुमने थामा मेरे हाथों को
और फिर से भर दिया मुझमे दुगना आत्मविश्वास
तुम्हारी आँखों मे देखकर मुझे ये दुनिया बेहद खूबसूरत लगने लगी
तुम्हारे साथ कदम रखते रखते मैं शायद बेहतर रास्तों की तरफ बढ़ रहा था
तुमने सिखाया था दुनिया खूबसूरत है
मैं तुम्हे देखकर हा कह दिया करता था
मेरी दुनिया तुमपे सिमटती जा रही थी
तुमको ज़ेहन में रखकर मैं नही डरता था मुश्किलो से
मेरे अंदर के सारे भवंडर जिनको तुम थाम लेती थी

मेरी कमियों को तुमने हस्ते हस्ते मुक़म्मल किया था
तुम भी यू मेरी तरह बदलने लगी
मेरी आँखों के वादों को तुम पढ़ने लगी
उस रात आंसुओं के बीच तुमने नज़रे झुका कर ,
धीमे लहज़े में कहा था
" मैं तुम्हारी होने लगी हु "
शायद मेने ये खूबसूरत लफ्ज़ अपने ज़ेहन पे महसूस
किया था
मेरी दुनिया बदल रही थी धीमे धीमे
त्योहारो का मतलब समझने में अब मुझको दिक्कत
नही हो रही थी
मुझे गुलाब के फूल अब ज़्यादा सुंदर लगने लगे थे
तुमने मेरा हाथ कभी कसकर नही पकड़ा ,
की मैं उकता कर छुड़ाना चाहू
तुम काफी अलग थी ज़माने से
और शायद यही वजह थी , मैं तुमसे ना चाहते हुए भी
मोहब्बत कर बैठा

12.

शाम

सहर की खिली धूप

घांस के बने पशेमान में बैठे

तेरे हाथो से हाथ मिलाये

जब भी तेरी चमकती आंखों में अपने लिए बहुत कुछ पाता हु

मैं एक ख्याल का डोर पकड़ कर झूल जाता हूं

मुझमे एसा क्या है मेरी शाम

सही कहते है ज़माने वाले

रोते है परिंदे निभाने वाले

सोच कर आधे का रास्ता लेना

मन का क्या है इसको समझा लेना

पर अब तुम इन बातों को किताबी मानती हो

मुझसे कही ज़्यादा तो तुम जानती हो

उम्मीद भर से मेरी बाहों को सब कुछ मान कर सिमट जाती हो

तो ख्याल के दूसरे सिरे में गुम मैं यही पूछ पड़ता हु

मुझमे एसा क्या है मेरी शाम

रेगिस्तान के मुसाफिरों को जैसे पानी याद आता है

तेरा मुझको वैसे ही ख्याल आता है

शहर में, गांव में, धूप में, छांव में

मेरा हाथ पकड़ के तुम हर जगह चलने को तैयार हो

किसी शजर के तले , तुम्हारे आगोश में पनाह लेते , हरारत की मिटती लकीरो में

ढलते हुए पहर के आये ख्याल में फसकर यही सोचता हूं मैं

मुझमे एसा क्या है मेरी शाम

13.

हारा हुआ मैं

मैं ज़िन्दगी में कई बार पीछे रहा हु

मैंने कई हादसे पीछे से देखे है

कई लम्हों को मैंने पीछे रह कर संजोया है

मैंने पीछे रहने को कभी हारा हुआ नही समझा ,

इसकी बोहोत सारी वजहें है

और शायद एक वजह ये भी है

हम बेंच की पिछली सीटो में ही मिले थे

तुमने वही मुझको अपना बनाया था

तुमने वही खोली थी अपनी सब कहानिया

मैंने भी तुमको वही जाना था ।

और दूसरी वजह भी कुछ एसी ही है

कही तुम्हे याद हो

ठंडी की भोर में सुनहरी धूप की पहली किरणे

सिर्फ वही आती थी

उन्ही बेंच की आखरी सीटो में

जहा हम बैठा करते थे

शायद ये इशारा था ,

की वक़्त मेरे लकीरो के ज़ानिब ढल रहे है

वो दौर था जब समय मेरे हाथों में था

मैं वही पीछे खड़े होकर अपनी दुनिया जीत रहा था

मैन तो बहुत कुछ पाया है पीछे खड़े होकर ,

बहुतो का मतलब शायद तुम हो ....

14.

मैंने ऐसे ज़िन्दगी काटी

कुछ अंधेरे शहरों को आबाद किया

मैथ्स की क्लास थी , और हम थे तेरे दीवाने

फिर क्या कोई थेऔरम नही याद किया

15.

कमरे से निकले घर की महफ़िल में आके बैठे
हम एक दुनिया छोड़ के दूसरी दुनिया मे आके बैठे

तू आयी थी उस ज़माने में एसे मेरे क़रीब
जैसे कोई चिड़िया शजर की आगोश में आके बैठे

तन्हाई भी प्यारी है , और कुछ लोग भी
अब किस्से हम हाथ छुड़ाए और किस के पास आके बैठे

दरियादिली यूँ बाबूजी से बचपन मे ही सीखी थी
हो मगर चराग, पर आँधियों से भी कहो पास आके बैठे

हमे अपने दुश्मनों की भी चिंता है " सोम "
जब भी उनका दिल टूटा हमारे पास आके बैठे

ये दिल मैं कभी खाली नही रखता
कल कोई उठा आज कोई और आके बैठे

16.

तू उसकी बाहों में पनाह मांगती है , जो मेरा यार
कमाल का है
मैं चाहता हु दोस्ती निभाना पर ये दुख भी कमाल का है

हमारे अटेंडेंस को साथ मे रखकर कहते है टीचर
यार " सोम " तुम्हारा प्यार भी कमाल का है

जब भी आईने में तुझे देखकर सवरता हु
हर मिलने वाला शख्स कहता है आपके चेहरे का नूर
कमाल का है

तेरी क़ुरबत में जब भी शेर लिखे है
उस ग़ज़ल के हर लफ़्ज़ों का पैमाना ही कमाल का है

17.

हम नही बदले

कुछ चीज़ें कभी नही बदलती

जैसे कि हम

बदले तुम हो , बदला मैं हु

हम कभी नही बदले

हम आज भी वैसे ही दर्ज है उन्ही अल्हड़ सालो में ,

एक दूसरे में पनाह पाते , रोते ,हस्ते , अपनी दुनिया की बातें करते हुए

हम आज भी छपे हुए है उन्ही बोरिंग लेक्चरों के नोटबुक के पीछे

एक दूसरे का हाथ थामे ,एक दूजे को सम्हाले हुए

हम आज भी कॉरिडोर को ताकते है

एक दूसरे को खोजते है , और अपने ख्याल में गुमसुम

एक दूसरे से मिलने का इशारा करते है

हमारी उंगलियो के निशान आज भी है उन चॉकलेट्स के

रैपरों में , जो हमने एक दूसरे को ये कहकर दिया था

की मीठा खाने से हमारा दिन अच्छा जाएगा

हम हमेशा रहेंगे साथ मे

इन्ही कहानियों से झांकते हुए , एक दूजे का अधूरा

ख्वाब बनकर

18.

किस्मत के पहिये भी दोहरा रहे है
हमभी अपनी मोहब्बत जता रहे है

स्कूल की यादें भी कुछ ऐसी थी
कॉलेज भी सिर्फ तुझसे मिलने आ रहे है

हर दफा पूछते है वो मोहब्बत किस्से करते हो
हम एक अरसे से तेरा नाम दोहरा रहे है

मन्ज़िल की कभी सोची ही नही
एक खूबसूरत रास्ता चुना और चलते जा रहे है

लोगो ने दामन छुड़ाया आहिस्ता आहिस्ता
और एक हम है , उड़ते परिंदो से निभा रहे है

19.

ये हुनर मुझे तुमसे ज़्यादा अज़ीज़ है

इस बात को ज़ेहन में रखना और फिर नही आना

मैं मुसलसल पुकारूंगा तुम्हे गीत और ग़ज़लों से

सुन न , समझना और फिर नही आना

20.

वो लहज़ा कितना मीठा है , वो आंखें कितनी प्यारी है
मैं ज़ेहन में एक बात रखकर पीछे हट गया , ऐ खुदा
मेरा इश्क़ अब तेरी ज़िम्मेदारी है

एक दफा महफ़िल में किसी ने उनका नाम पुकारा
मैं ज़ोरो से चीख पड़ा वो हमारी है , वो हमारी है

तेरे पाकीज़ा शख्सियत का असर हो रहा है शायद
कई बिगड़ी आदतें , मैंने अपनी सुधारी है

21.

ऐ दोस्त तू इस तकरार को समझता नही है
वो छोड़ तू तो मेरे प्यार को समझता नही है

मेरे बाद उसने मेहँदी सजाई किसी और नाम की
वो जान गई कोई दूसरा उसके हाथों में रचता नही है

मैंने उसके आंखों में आंसू आने नही दिए
कुछ सहराओं में दरिया सजता नही है

शायद वो सीख चुका है जीने के उसूल
आजकल वो बरसता है , गरजता नही है

मैंने मज़ाक में कहा था , थोड़ा बीमार हु
वो अब सिरहाने से लगा बैठा है , सरकता नही है

एक तहज़ीब होती है , खानदानी औरतों में
उनका आँचल सर से सरकता नही है

Kula/2017
Azmi Açıkdil

22.

ये रातों का कालापन तुझे डराता है
तू मुझे अपनी आंखों में सजाया कर

एक काम कर मेरा नाम लिख कंदीलों पे
और उसे अपनी मोहब्बत से उड़ाया कर

मेरी तस्वीर लगा अपनी डेस्क पर
फिर उस पेशानी की चमक में जगमगाया कर

तू मेरे खत रख अपने तकियों के नीचे
और उसकी खुसबू में घुल जाया कर

अब भी अगर तेरा दिल न माने
तो धीमे लहज़े में मेरा नाम सुनाया कर

आ करीब आकर बैठ मेरे बाजुओ के सहारे
फिर इस दुनिया के मलालो को भूल जाया कर

23.

मैं बुलाता रहा उसको हर शेर में
वो हर काफिये में कहता है आ रहा हु

ये जो मेरे नज़्मों को पढ़ते हो ! समझते हो !
ये तुम्हारा ही दुख है जो मैं गा रहा हु

तुझको किसी और के साथ देखना ज़हर सा है
एक एसा ज़हर जो मैं हर दिन खा रहा हु

उसने इत्तेफ़ाक़न क्लास में पूछा था दो पेंसिल लाये हो
अब मैं अपने हर पेंसिल में दिल बना रहा हु

24.

ये लोग सिर्फ अंदाज़े लगाएंगे
सोचेंगे समझेंगे पर कहा जान पाएंगे

एसे ही किसी साजिश से तुझे पा लूंगा
रकीब से तेरे नाम की शर्तें लगाएंगे

तू नही है तो सफर के दरख्त भी धूप बरसाते है
एक दिन सबकी शिकायत करेंगे तुझे फ़ोन लगाएंगे

आसमान में उड़ते पंछी कितने अच्छे लगते है
हम अपने घर को पिंजरा नही बनाएंगे

जो महफ़िल में हर किसी से हाथ मिलाये
पीछे हट जाएंगे उससे राब्ता नही बनाएंगे

उससे हाथ छुड़ाकर हमने कसम खायी थी
अब किसी के साथ ख्वाबो का बगीचा नही सजायेंगे

25.

चिड़िया

मेरी चहकती हुई आबाद चिड़िया
ये जो तूने एक दरख्त के साखों को छोड़कर
दूसरे दरख्त को चुना है
शायद तूने वहां ज्यादा सुंदर घोंसला बुना है
कभी वापस आकर इन शाखों को देखना ,
जहाँ तुम बैठा करती थी
ये शाखें सूखते जा रहे है
ये पत्तों ने अपना रंग खो दिया है
हर रोज़ एक पत्ता टूट ता है और बिखर जाता है
मेरी अनमोल चिड़िया
ये दरख्त तेरी चेचहाट सुन न चाहता है
ये दरख्त अपने शाखों में तुझे महसूस करना चाहता है
कितने सावन बीत गए ये दरख्त ने किसी परिंदे को
अपना नही माना
किसी दिन लौटना मेरी चिड़िया और इस दरख्त को फिर
से हरा भरा कर देना

26.

कमाई

इन जगती सुलगती रातों की रोजी , मेरे हाथों में कब रखोगे मेरे साथी

मैंने हर वक़्त इम्मानदारी से से तेरे ख्वाबो की फसल उगाई है

मैंने बीज बोए है तेरे आस के इसमे

कभी कभार एक नज़र हम पर भी डाल की ये फसल

बरसात की थोड़ी बौछार पा ले

जब इन खेतो में तेरे क़ुरबत की बालियां आएंगी न

उस दिन तू मेरे हाथों को चूमकर मुझे अमीर कर देना

तू एक सुखी रोटी का निवाला तोड़ना ,और उसमें मैं पूरी दुनिया का स्वाद चख लूंगा

मेरे साथी मेरी सारी कमाई तुझसे है

27.

सारी दुनिया जीती पर एक चेहरे की मुस्कान न रख पाए
बाप के उम्मीदों के मुताबिक कदम न रख पाए

बहुत से रिश्ते थे जिन्हें संजोना था
हम एक भी रिश्ते को मुक़म्मल न रख पाए

एक चाँद आया था दामन में इश्क़ निभाने
वक़्त ए करम उसे हमेशा अपना बनाकर न रख पाए

जिन्होंने अपना मयार गिरा दिया इंतिफा के लिए
एसे शक्सियत का कभी हम लिहाज़ न रख पाए

बहुत रोका बहुत समझाया फिर जाने दिया
हम रेत को अपनी मुट्ठी में ज्यादा देर न रख पाए

जिस से भी हाथ मिलाया उसे गले से भी लगाया
हम अपने चेहरे पे दो चार चेहरे न रख पाए

लोगो ने गिनवाए बहुत सारे नुस्खे
हम कभी तुझको दिल के बाहर न रख पाए

हसीनाओ को देखकर रास्ता बदल लिया
इस दिल मे तेरे सिवा किसी और को न रख पाए

हमने अपना कहा ही नही किसी को
एसा वादा किया ही नही जो ना रख पाए

दरिया का एलान था सर झुकाओ
प्यासे ज़रूर थे , पर खुद्दारी को नीचे न रख पाए

28.

गुलाब

एक गुलाब जो तुमने कभी दिया ही नही
बड़ी शिद्दत से मेरी डायरी में सांस ले रहा है
उसकी पंखुड़िया ,
कभी कभी नज़्मों की शक्ल में मुझसे बातें करते है
तुम जिस शख्स से गुलाब पाने का दावा कर रहे हो
मैं चाहता हु वो तुम्हे मिले
और वादा करो तुम उस गुलाब को मेरे बाज़ू में
सजाओगे
और मुझको मुक़म्मल करोगे
मैं उसकी ओर देखता हूं
मुस्कुरा पड़ता हु
न जाने क्यों उसकी बातें मुझे अच्छी लगने लगती है
शायद इसलिए क्योंकि वो मुझे तुमसे जोड़ रहा है
और तुमसे जुड़कर मैं खिल उठ ता हु

29.

मोहब्बत के थ्योरम

आओ यारो एक थ्योरम बताता हूं
मोहब्बत को परखने का तरीका सिखाता हु
मिले जो गुलाब उन हसीन हाथो से
संजोना किताब के दरीचे में सम्हालकर
रोज़ ताकना उसके सूखते हुए , मुरझाते हुए पत्तो को
और ये समझना कि ये गुलाब की पत्तियां दर्पण है
उसके मन मे पस्त होते प्यार का
प्रकृति का नियम ही यही है , हर चीज़ अपना वजूद
खोती है
और प्यार भी प्रकृति की बनाई चीज़ ही होती है
जैसे ये गुलाब के पत्ते सुर्ख होते जाएंगे
वो तुमसे रूठने मनाने में मशरूफ होते जाएंगे
और एक दिन तुम उकता कर खुदा के पास जाओगे
कहोगे ! अरमान के इन गुलाबो में फिर से जान भर दो
, ये गुलाब मेरे लिए सबसे निराला है
खुदा हस्ते हुए फरमाएगा !
यारो ये मोहब्बत के सभी थ्योरम गलत है
ये सब मैंने बरसो से देखा भाला है

30.

मेरी गज़ले मलालो की परिभाषा है
खुशी का यहाँ कोई पुर्जा नही मिलता

इस कदर ना उम्मीदी के बादल सर पर है
मैं गर कोई पौधा लगाऊ तो वो नही खिलता

हमने हिज्र के बाद खुद को इतना बदल लिया है
शीशे में देखु तो खुद का चेहरा नही मिलता

ये गमो ने इतनी बरकत दी है जिंदगी को मेरी
रहने देता हूं ! इन ज़ख्मो को अब नही सिलता

जबसे बर्बादियों के गले लगा हु , बड़ा खुश हूं
अब लोगो को मेरे घर का पता नही मिलता

मुझे हस्ते हुए देख मेरा यार पूछता है
क्या हुआ आज कल तू हस्ता हुआ नही मिलता

31.

तुम अमर हो

तुम्हे मालूम है साथी , तुम अमर हो
तुम फैली हुई हो उन हवाओ में आवाज़ के कण बनकर
जिसमे मैंने तुमको बेवक़्त गुनगुनाया था
तुम उन्ही हवाओ में हमेशा सफर करती रहोगी
और छुटी रहोगी मुझको वक़्त , बेवक़्त , हरवक्त
कभी मेरे कानों में छुपकर , तो कभी दिमाग मे पहरा बना लोगी
तुम मुझे अपने आप मे समा लोगी

तुम्हारा अक्स दिखता रहेगा उन तकियों के सिलवटों में
कहां से कैसे आयी पता नही , शायद मेरी नींद से सरक कर
तुम एसे ही कही खोई खोई मेरे आजु बाज़ू बानी रहोगी
मेरी साथी तुम अमर रहोगी

मैंने एक खत डुबोया था नदियों में ज़माने से छुपकर
तुम हमेशा बहती रहोगी उन नदियों की रवानी में

उस खत का एक एक लफ्ज़ बनकर सफर करती रहोगी
और लोगो की ज़िंदगी मे मोहब्बत घोलोगी

तुम दबी रहोगी उन मोटी किताबो में ग़ज़ल बनकर
और किसी मोहब्बत के राहगुज़र को रास्ता दिखाती
रहोगी
मेरी साथी तुम अमर रहोगी

मेरी पेन की स्याही जिन पर्दों में गिरी होगी
तुम उन पर्दों का दाग बनकर
एक घांव के निशान की तरह मेरी आँखों मे चुभती
रहोगी
और मेरे ज़ख्मो को फिर से नयापन देती रहोगी
मेरी साथी तुम अमर रहो

32.

तुमसे मुलाक़ात

मैं हर शाम का इंतज़ार करता हु
बहुत सी तैयारी करता हु तुमसे मिलने की
अपनी मनपसंद किताब उठाता हु ,
एक कप चाय ,
और खुद को लेकर
छत की ओर चल पड़ता हु
तुम अपने घर की जानिब से उड़ती हवाओ में बैठकर
मेरे घर की तरफ आती हो
मेरे गालो को अपने वजूद का एहसास दिलाती हो
मेरे बाल फेरती हो
और फिर मुझमे कही रुखसत हो जाती हो
और एसे ही हर शाम , हमारी मुलाकात मुक़म्मल हो
जाती है

33.

ढूंढना हो तो मुझे , तन्हाई में ढूंढना
शायद कोई शहर के किनारे मिलूंगा

तुम्हारी आँखों का जो दरिया है , मुझे डुबो लेता है
अब मिलूंगा तुमसे तो जहाज़ के सहारे मिलूंगा

इस बार हमारे बीच सिर्फ बातें ही रह गयी है
निभाने को तुमसे फिर कही दुबारे मिलूंगा

34.

मैं खुदा से एक मेहेरबानी कर्ज़ लूंगा
अपने मुक़द्दर में तेरा नाम लिखवा लूंगा

मैं तुझे खत भेजूंगा बिना नाम लिखे
मैं ज़माने में तेरा नाम नही उछालूँगा

बनाऊंगा एक घर तेरे घर के जानिब
उन दोनों के बीच एक रास्ता सुनसान निकलूंगा

मत समझना मेरे अश्कों को इतना कमज़ोर
इसके सहारे मैं कई दिलो को बहा लूंगा

मेरा दिल बन चुका है , गम का कब्र
अब जो भी रंज बीते सब समा लूंगा

london Eye

35.

हमारे साथ रास्तों में कदम रख
और फिर सब अच्छा होगा ये भरम रख

तुझे वो खुद ही खुदा के पास ले जाएगा
तू बस उसके सामने अपने करम रख

तुझे सख्त बनाने में दुनिया लगी रहेगी
अपने दिल को बचा और नरम रख

ये मौसमो में सर्द हवाएं है आज कल
मेरे तबियत के खातिर अपने हाथों को गर्म रख

36.

दरवाज़ा

दरवाज़ा नही खोलता मैं आज कल सच के लिए
वो आता है ! खटखटाता है !
फिर कुछ देर ठहर कर मायूस लौट जाता है
उसे लगता है किसी ने सुना नही उसको
पर मैं उसे हर वक़्त महसूस कर लेता हूं
मैं एक नज़र चुपके से खिड़कियों से देखता हूं
चुप चाप खड़े ,
उसकी हर आहत मैं आज कल पहचानने लगा हु
पर मैं दरवाज़ा नही खोलता
मुझे पसंद नही है वो
मैं अपने कुछ वहम के कंधों पे हाथ डाले , उसे अपने कमरे में बिठाये रखता हूं
मुझे पसंद है कुछ तसव्वुर के धोखे ,
जिनमे मैं तेरे साथ अपनी ज़िन्दगी के वक़्त को बीता रहा हु

मैं तुझे अपना हमसफर जान रास्तो को बड़े गुरूर से
देखता हूं
तुझे संग पाकर मैं अपने आप को मन्ज़िल से बड़ा पाता
हूं
और मैं इनके बीच किसी को भी आने नही देता
मैं दरवाज़ा नही खोलता

37.

मैं मुस्कुराउंगा

चाहे मेरे उम्मीद के पहाड़ में दरारें हो
गमो के बोझ बहुत सारे हो
मैं गहरे दरियां में एक अपनी सुंदर कश्ती बनाऊंगा
मैं मुस्कुराउंगा
रास्ते भले अजनबी से लगे
धुंध ने जमा लिया हो अपना पहरा
मैं आसमानो को छू कर अपना सूरज उगाऊंगा
मैं मुस्कुराउंगा
रातों में बेचैन हो जाऊंगा
दिनों में फिर खिलखिलाऊंगा
भटकते , सम्हलते कदमो को फिर सफर में लाऊँगा
तुम ढूंढना मेरे उदासियों का सबब
लेकिन मैं मुस्कुराउंगा
इन कंधो में लोगो को आराम देने निकला हु
मैं थके परिंदो के लिए शाख बन ने निकला हु
ये सफर भले बड़ा हो

पर मैं चराग छोड़ आफताब लेने निकला हु

एक रोज़ ये आफताब अपने घर मे लगाऊंगा

मैं मुस्कुराउंगा

मुझ जैसे मुसाफिरों को साथ मिल गया है

इन हवाओं का , रास्तो का

ये परिंदे दिखा रहे है मुझको रास्ता मंज़िलो का

एक रोज़ इन सब के साथ अपना मुकाम जीत जाऊंगा

मैं मुस्कुराउंगा

38.

मेरे नफरतो में भी मोहब्बत के चमक आते है
जैसे दरिया से पानी उठाओ तो नमक आते है

आज भी तेरी हर आहट को खूब जानता हूं
तेरे आने से पहले तेरे पायलों के खनक आते है

तूने पेशानी चुम कर कहा था जीत जाना
अब हम अंधेरी महफ़िलो में चमक लाते है

कभी रो पड़ू तुम्हारे सहारे तो माफ करना
वो लोग जो भर जाते है न छलक जाते

39.

ज़िन्दगी साथ देगी तुम अगर साथ चलोगे
वादा करो इन शामों में मेरे साथ ढलोगे

इतनी आसानी से मैं तुम्हे हासिल था
समय आ गया है , तुम अब हाथ मलोगे

लोगो की दुआ लेकर आगें बढ़ते रहो
देखना एक रोज़ तुम पतझड़ में भी फलोगे

मेरे ऐबो को भूलकर मुझे गले लगाना है
बताओ साथी ! मुश्किल है पर ये काम करोगे ?

40.

पेड़ो से टूटे पत्तों की तरह बिखर रहे थे
तूने सँजोया तब कहि जाकर निखरे थे

तुम्हारी बातों के लिए ना दिन देखे ना पहर
उस रोज हम भी मोहब्बत की रिवायत सिख रहे थे

पहली शफ़्त में आकर खड़े हुए थे , और समझ नही पाए
तूने नज़रअंदाज़ किया या तुझे नही दिख रहे थे

41.

मन्ज़िल छूकर भटकने वाले राही सुन
जिसमे तू खो जाता है वो है उसके आंखों की धुन

मैं तेरे खातिर हथेली में ऊगा दु गुलाब
जब तू मेरे यार कहता है " मेरे यार सुन "

आ बैठ मेरे पास और बता कैसे बीते है हिज्र के दिन
मैं तो सिर्फ गले लगकर रोऊंगा और तू मेरे यार सुन

तू गिनाने लगा अपनी मजबूरियां , और बात पहुँच गयी फासलों तक
मैं थरथराते लफ़्ज़ों से पुकारा एक बार मेरे यार सुन

कोई फूल को मन्ज़िल माना तो फिर काँटों को नही देखा
लोग समझाते रहे ऐ मेरे यार मेरे यार सुन

42.

एक बात

एक बात कहनी थी कई रोज़ से
जो मैं अब तक छुपता रहा हु
तुझे देखता हूं मैं अपने हर दिन में
हर शाम में तुझको सजाता रहा हु

दूरिया कैसे बढ गयी नही मालूम
पर दो रेल की पटरियों की तरह साथ निभाएंगे
कभी हाथ नही थामुंगा तेरा
पर तेरे आंसू हमेशा इसी कंधे पे आएंगे

ज़माने की फिक्र तू करना कभी ना
लोगो की बातों से डरना कभी ना
किसी रोज़ लगे कि बिखर रहा है
आ की बाहें तैयार खड़े है

ना मैं रुकूँगा किसी रास्तों पे
ना ही कही तेरा इंतेज़ार करूँगा
जो फूल मिलेंगे , तुझको भेज दूंगा
मैं अंधेरो का व्यापार करूँगा
मेरी दुनिया चाहे कितनी भी अच्छी हो पर तेरे सुख दुख
सुन ने के लिए हमेशा तैयार रहूंगा

इन वादों से मुझे कभी ऐतबार नही था
तू साथ चलने के लिए तैयार नही था
ये दुनिया से छुपकर मैं तेरे लिए अड़ा रहूंगा
ऐ दोस्त मैं तेरे लिए हमेशा खड़ा रहूंगा आ

43.

समझो

तुझे समझना पड़ेगा ,
 ये कायनात तुझे क्या बता रही है
क्यों तू अब हमसे मिलने आ रही है
तू मेरे ज़हन से क्यों नही जाती है
मेरी सुबहो में तेरा बसेरा रहता है
रात की रानाई में तुझे क्यों पुकारता हु
ये खुदा के खेल का रास्ता अब पहचान तु भी
क्यों मेरी नज़र से तू टकराई थी
क्यों हम में दोस्ती कराई थी
तेरे ही लफ़्ज़ों में क्यों मैंने दुनिया ढूंढी थी
वो मिलन की शाम क्यों सुहानी थी
ये सब बातों को जोड़ो और सोचो ,
वो कितनी बड़ी दास्तां लिख रहा है , हम दो पहाड़ो के
बीच रास्ता लिख रहा है
अब भी समझ ना सको और अगर भरोसा ना हो
तो मैं ज़्यादा समझा नही सकता

ये खुदा का बनाया हुआ दरिया है , मैं तुम्हे बचा नही सकता

जाओ जाकर किसी मंदिर में मेरा नाम दोहराना ,

एक फूल अचानक गिरेगा तुम्हारे भगवान के हाथों से

और फिर सोचना उसकी मर्जी क्या है

तुम समझ जाओगी ,

तुम यहाँ क्यों आयी हो !

मैं यहाँ क्यों आया हु !

44.

यारी तो फिर भी है यारी हमारी
उस से कई बेहतर है वफादारी हमारी

हमने तुझको अपने सर आंखों पे बिठाया
और आखिर में यही निकली गलती हमारी

मैं भी हस कर गले लगा लेता दुश्मनो को
पर इज़ाज़त नही देती खुद्दारी हमारी

तेरे सिवा ये जहां धुंधला सा दिखता है
कहो तो फिर यही है बीमारी हमारी

45.

ये जो तू मुझको देखकर नज़र चढ़ाता है
अपने दिल मे मुझको थोड़ा और चढ़ाता है

तेरा नाम लेकर कहते है वो तेरे लिए ही बनी है
इस कदर भी कोई हमको चने के झाड़ में चढ़ाता है

तुझको हासिल करने के लिए हर मुमकिन मेहनत करता हु
जैसे कोई मज़दूर ऊंचाई में पत्थर चढ़ाता है

हम तेरे इश्क़ में ऐसे ऊपर आये है
जैसे कोई लाश को समंदर चढ़ाता है

46.

तुझे पसन्द है ना अपना नाम , मेरी हिचकियो को सुन
पुकार पहाड़ो में मेरा नाम , और अपना नाम सुन

मेरी कविताओं को पढ़ने में वक़्त बर्बाद ना कर
तनहाइयों में उनपे कान लगा और अपना नाम सुन

मैं पुकारता हु हर वक़्त तेरा नाम
तू कहि भी हों हर बहती हवा की रवानी में अपना नाम सुन

कभी मिल लोगो से और छेड़ मेरी बात
अब उनके हर मेरी बातों में अपना नाम सुन

47.

ये ज़िन्दगी ये हौंसला ये कमाल तेरा है
मेरे साथी ये सहारा ये कमाल तेरा है

मैं लोगो की ज़बान में अब जो घर करता हु
ये बुलंदियों का अजब मकान भी कमाल तेरा है

हर तरफ चर्चो में मशहूर तुम और मैं
ये बवाल तो है इश्क़ का पर कमाल तेरा है

मेरे गीतों में जो पनाह लेते है टूटे हुए लोग
इस शाख का हर मौसम हरा भरा होना कमाल तेरा है

वो घांव जो दिखता नही , पर खून रोज़ बहाता है
एक एसा अजब घांव जो है कमाल तेरा है

मैं नही समझता था ये इश्क़ की थ्योरी पहले
अब जो क्लास में अव्वल आता हु कमाल तेरा है

48.

ना दोस्ती का हुनर , ना दोस्तो से अज़ाब है
मैं मानता हूं " सोम " बहुत खराब है

मेरे खातिर तुम भुला रही हो अपनी सारी दुनिया
निभा तो रही हो मोहब्बत की रस्मे पर खराब है

तुम मत देखो मेरी कलाई में अपना वक़्त
मेरे वक़्त की तरह मेरी घड़ी भी खराब है

निगाह फेर लो , हाथ छुड़ा लो मुझसे लड़की
मैं एक बार फिर कहता हूं " सोम " बहुत खराब है

49.

एक बेचैनी है जो इज़ाज़त नही देती घुलने मिलने का
फिर दिल भी करता है दोस्त बनाने , और लोगो से मिलने का

मेरे शहर में आज कल शाम नही होती है
तुझे वक़्त नही मिलता हमसे दो पल मिलने का

ये रास्ते हमारे बनाये हुए रास्ते नही है
इनमे चबूतरा नही है , दो लोगो के बैठ ने मिलने का

दीवार पे लगा कलेंडर हस्ता रहता है
कहता है दिन नही आएगा , उस लड़की से मिलने का

50.

मुझसे रूठ कर भी खुश खुश रहती हो
तुम्हारी हसी को सजायेंगे तुम नही मनाएंगे

मुझे पाकर ये ना समझना हम हमेशा के लिए है
हाथो से कब फिसल जाए हम रेत की तरह हो जाएंगे

ये जो लोग पूछते है इत्तेफ़ाक़न खुशी का सबब
हम उनको कभी तेरी तस्वीर दिखाएंगे

51.

खुदा नाराज़ रहता है हमसे आज कल
मैं शेर नही कह पाता मुक़म्मल आज कल

आज कल देर से उगता है सूरज हमारे लिए
रातों को देर तक होती है बात आज कल

जो आंखें मुझे ढूंढते थे क्लास में हर दिन
देखकर वो नज़रे चुरा लेते है आज कल

हम तुम्हारे बातों के बीच कितनी चाय पीते थे
अब कोई पूछे तो कहते है " हम चाय नही पीते
आजकल "

ये शहर , ये शामें , ये बातें और तुम
सब पुराने से लगते है आज कल

52.

बड़े मुश्किल से हमने कई दफा अपने दिल को तेरे दिल मे रखा
तुमने समझा नही और मेरे चिट्ठियों को दोस्ती के किताबो में रखा

हम अपनी नाव में किसी को हाथ देकर नही चढ़ाते है
यहाँ सिर्फ वही बैठ पाता है , जो सम्हलकर कदम रखा

सोच हमारी मोहब्बत की हद फिर क्या होगी
हमने तेरे भाई को भी अपने भाई के तरह रखा

हमारे साथ चलती तो दुनिया तुझसे अदब से मिलती
अब इन लोगो ने तुझे आम लोगो की तरह रखा

तू किसी के भी साथ रहे हमे कोई फर्क नही
हमने अपने पिक्चर में हमेशा तुझे हीरोइन रखा

मेरे मफलर से तूझे खेलने की आदत थी न
अलमारी में पड़े उस मफलर के साथ हमेशा तेरी तस्वीर रखा

53.

उस पार तुमसे मिलता

मेरे कमरे के सभी पर्दे सहम गए थे
बिस्तरों ने अपनी शिकन को छुपा लिया था
बाहर की हवाएं खिड़कियों से अंदर आ रही थी
उनमे एक उमंग देखी जा सकती थी
मेरे हाथ पैर में एक खुशियो की थरथराहट पैदा हो रही थी
मेरे आजु बाज़ू सभी चीज़ों का ध्यान मुझपर था
सबको थोड़ी हैरत तो हुई थी , पर सब अपनी हैरत छुपाये बैठे
एक टक निगाह से मुझे देख रहे थे
मेरे फ़ोन ने आवाज़ लगाई " उसका फ़ोन आया है "
मेरे अंदर एक भवंडर पैदा हो रहा था
मैंने हर बात की तैयारी कर रखी थी , पर ना जाने क्यों लफ्ज़ फिसल रहे थे
मुझको इतना बेचैन देख मेरी घड़ी ज़ोर से हस पड़ी

और मैंने उसे घूर कर समझाया मामला कितना पेचीदा है

वो समझ गयी थी तभी शायद धीरे चलने लगी

मैं कहने ही वाला था अपने दिल की सब बातें

अपनी सारी बेचैनियां तुम्हारे सामने रखने ही वाला था की फ़ोन कट गया

मानो वो पूल टूट गया जिसके सहारे मैं एक बड़ी सी खाई पार करता और उस पार तुमसे मिलता

54.

ज़माना दिखाता रहा अपना रास्ता , हम अपनी पगडंडी बनाने निकल गए
इस बेचैनी से भरे मन को मन की कहानी सुनाने निकल गए

मैं तो बड़ी शिद्दत से हस रहा था , ये कुछ दगाबाज़ आंसू है
जो मुझे रुलाने के साजिश में निकल गए

तेरे नाम की बुनियाद है मेरे बुलंदियों में
ये कौन लोग है जो मेरी बुनियाद हिलाने निकल गए

तुम तो जानते हो साथी मैं नशा नही करता
फीर भी आज इन आँखों से पिलाने निकल गए

एक दोस्त है जो तुमसे बेवक़्त मिलाती है
देखने जाओ तो हम उसके कितने एहसानी निकल गए

याद होगा हम तुम बैठा करते थे एक बेंच पर
हा याद पुरानी है ! और हम इन यादों से निकल गए

55.

एक इसी चीज़ पे तो मुझको नाज़ रहता है
तू हर वक़्त मेरे साथ गमशनाज़ रहता है

एक दिन तुझे ले चलूंगा अपने गांव
वही जहाँ हमारा सपना आबाद रहता है

तू आज अचानक कैसे मिल गयी मुझको
अरे हा ! आज मेरा जन्मदिन है और तुझको याद रहता है

कोई चीज़ लिखो तो फिर पूरी लिखो
मुझको खुदा से यही फरियाद रहता है

लोग देखकर मुझको हैरान होते है
ये दरख्त कड़ी धूप में भी शादाब रहता है

56.

हमे लगा नही था तुभी एसा करेगा
हमारे साथ चलेगा और हमको रुस्वा करेगा

हमारे मिलने का कोई रास्ता तो दिख नही रहा
पर क्यों लग रहा है खुद कोई कमाल करेगा

कितना भी छुपा ले हमारे खत और फूल को
इन आँखों मे तेरा चेहरा बवाल करेगा

कभी ऊंची आवाज में तुझसे कोई सवाल नही पूछा
और सोचा नही था एक दिन तू हमारे मोहब्बत पे सवाल करेगा

दोस्ती में हम तो तलवार पर सर रख देते है
तेरी मर्ज़ी तू बचाएगा या हलाल करेगा

57.

कॉरिडोर

कॉरिडोर की वो सीढियां ,
जो हमारे स्कूल में थी
वही जहा लगाते थे अपने यारों के जमघट
वही जहा गूंजते थे अपने ठहाके किस्से कहानी वाले
उसके बगल में शांत दरख्त जैसे चुपचाप ,
खड़ा एक पिल्लर था
जो सब सुनता था , सब देखता था
शायद परखता भी हो
तभी तो एक दिन अचानक ,
उसने कहा तुम आघे बढ़ जाओगे चलते वक़्त की तरह ,
जितनो का हाथ थामा है सबको छोड़ दोगे
केवल एक हाथ रह जायेगा तुम्हारे हाथों में
उसे तुम जीवन भर अपने साथ रखोगे , या छुड़ा नही पाओगे
वही कारण होगा तुमहारी रोती बिलखती आंखों का , या मुसलसल मुस्कुराहट का

वो सिर्फ कह रहा था

मुझे ये बात बद दुआ की तरह महसूस हो रही थी

मैं समझना चाहता था पर शायद नही भी

मैं सब अनसुना करके आघे ही बढ़ा था ,

की मुझे तुम दिखाई दी , और मैं समझ गया

वो पिल्लर मुझसे क्या कहना चाहता था

9 789393 899699

Printed by Libri Plureos GmbH in Hamburg,
Germany